I0009268

BEI GRIN MACHT SICH I.... WISSEN BEZAHLT

- Wir veröffentlichen Ihre Hausarbeit, Bachelor- und Masterarbeit

- Ihr eigenes eBook und Buch - weltweit in allen wichtigen Shops

- Verdienen Sie an jedem Verkauf

Jetzt bei www.GRIN.com hochladen und kostenlos publizieren

Benjamin Kopf

Anforderungen an das IT-Sicherheitsmanagement hinsichtlich Basel II und Sarbanes-Oxley Act (SOX)

GRIN Verlag

Bibliografische Information der Deutschen Nationalbibliothek:

Die Deutsche Bibliothek verzeichnet diese Publikation in der Deutschen National-
bibliografie; detaillierte bibliografische Daten sind im Internet über http://dnb.d-
nb.de/ abrufbar.

Impressum:

Copyright © 2005 GRIN Verlag GmbH
Druck und Bindung: Books on Demand GmbH, Norderstedt Germany
ISBN: 978-3-638-66568-1

Dieses Buch bei GRIN:

http://www.grin.com/de/e-book/58063/anforderungen-an-das-it-sicherheitsmana-
gement-hinsichtlich-basel-ii-und

GRIN - Your knowledge has value

Der GRIN Verlag publiziert seit 1998 wissenschaftliche Arbeiten von Studenten, Hochschullehrern und anderen Akademikern als eBook und gedrucktes Buch. Die Verlagswebsite www.grin.com ist die ideale Plattform zur Veröffentlichung von Hausarbeiten, Abschlussarbeiten, wissenschaftlichen Aufsätzen, Dissertationen und Fachbüchern.

Besuchen Sie uns im Internet:

http://www.grin.com/

http://www.facebook.com/grincom

http://www.twitter.com/grin_com

Fachhochschule
Ingolstadt
University of
Applied Sciences

Anforderungen an das IT- Sicherheitsmanagement hinsichtlich Basel II und Sarbanes-Oxley Act (SOX)

Seminararbeit
Schwerpunkt Wirtschaftsinformatik und Multimedia
Betriebswirtschaftslehre FH Ingolstadt, 5. Semester
Wintersemester 05/06

Benjamin Kopf

Inhaltsverzeichnis

Einleitung

Längst kein Fremdwort mehr dürfte für die meisten mittelständischen Unternehmen der Begriff Basel II sein. Viele Firmen sind sich darüber im Klaren, dass künftig bei der Kreditvergabe die damit verbundenen Risiken viel genauer unter die Lupe genommen werden. Dabei hängt es entscheidend von der Rating-Note ab, ob und zu welchen Konditionen ein Unternehmen Fremdkapital erhält. In dieses Rating fließen eine Reihe unterschiedlicher Faktoren ein, nicht nur betriebswirtschaftliche Kennzahlen. Einen wesentlichen Punkt wird dabei oft nicht beachtet: die Absicherung gegenüber operationellen Risiken und damit den Schutz der IT-Infrastruktur vor vielfältigen Gefahren beispielsweise aus dem Internet. Immerhin registrierten zwei von drei deutschen Unternehmen im Jahr 2004 mehr oder wesentlich mehr Verstöße gegen ihre IT-Sicherheit als im Vorjahr (IT-Security 2004).

In dieser Seminararbeit sollen die Auswirkungen von Vorschriften wie dem Sarbanes- Oxley Act und Basel II auf das IT-Sicherheitsmanagement heutiger Unternehmen dargestellt werden. Ausführlich wird hierbei auf die Anforderungen, die sich insbesondere aus Basel II ergeben eingegangen.

1.   Sarbanes- Oxley Act (SOX)

1.1 Grundgedanke

Der Sarbanes-Oxley Act of 2002 (SOX) ist ein US-Gesetz zur Verbesserung der Unternehmensberichterstattung in Folge der Bilanzskandale von Unternehmen wie Enron oder Worldcom. Benannt wurde es nach seinen Verfassern, dem Senator Paul S. Sarbanes und dem Abgeordneten Michael Oxley. Ziel des Gesetzes ist es, das Vertrauen der Anleger in die Richtigkeit der veröffentlichten Finanzdaten von Unternehmen wiederherzustellen. Dies geschieht dadurch dass SOX die Führungsebene persönlich für die Richtigkeit bestimmter Erklärungen haftbar macht. Das Gesetz gilt für inländische und ausländische Unternehmen, die an US-Börsen oder der NASDAQ gelistet sind, sowie für ausländische Tochterunternehmen amerikanischer Gesellschaften. Im Rahmen der Section 404 des Sarbanes-Oxley Acts müssen Unternehmensprozesse beschrieben, definiert und Kontrollverfahren festgelegt werden, die das Risiko eines falschen Bilanzausweises minimieren sollen. Dies hat neben weitreichenden Folgen im Bereich der Corporate Governance (Aufstellen und Einhalten von Verhaltensregeln, nach denen ein Unternehmen geführt werden soll) auch Auswirkungen auf die IT in einem Unternehmen.

1.2 Anforderungen an IT- Sicherheitsmanagement

Sarbanes-Oxley (SOX), legt besonderen Wert auf die Sicherheit und Zuverlässigkeit finanzieller Berichte von öffentlich gehandelten US-Unternehmen und hat somit einen merklichen Einfluss darauf, wie betroffene Organisationen die interne IT-Sicherheit aufbauen müssen. Der Abschnitt 404 schreibt dem Management aber lediglich die Einrichtung angemessener Kontrollen vor, ohne aber die Rolle der Informationstechnologie zu spezifizieren. Zusätzliche IT-Rahmenvorgaben wie die vom weltweiten Berufsverband ISACA empfohlene COBIT (Control Objectives for Information and Related Technology) sind zwar verfügbar, aber selbst die definieren nicht exakt die Umsetzung der IT Sicherheit. Der wichtigste Punkt nach SOX stellt die Datensicherheit dar. Wenn es beispielsweise um die Verwendung von mobilen Rechnern und tragbaren Speichergeräten geht, erfordert Sarbanes-Oxley, dass die Organisationen die effektiven Richtlinien, Prozesse und Kontrolle der folgenden Punkte demonstrieren können: Die verwendbaren Gerätetypen, Wer welche Gerätetypen verwenden kann, Wem die Geräte gehören, Welche Arten von Informationen auf Geräten gespeichert werden können und welche nicht. Welche Maßnahmen eingesetzt werden, um die Geräteverwendung zu verwalten. Allgemein ist davon auszugehen, dass sich für alle Unternehmen steigende Anforderungen an die Ausgestaltung ihrer internen Kontrollsysteme und den Nachweis derer Funktionalität ergeben wird. Somit erfordert SOX nachhaltig den Einsatz von IT gestützten Kontroll- und Reportingsystemen.

3. Basel II

3.1 Grundgedanke

Basel II bezeichnet die Gesamtheit der Eigenkapitalvorschriften, die vom Basler Ausschuss für Bankenaufsicht in den letzten Jahren vorgeschlagen wurden. Die Regeln werden offiziell in der Europäischen Union Ende 2006 in Kraft treten, finden aber bereits heute in der täglichen Praxis Anwendung. Ziel ist, wie bereits bei Basel I, die Sicherung einer angemessenen Eigenkapitalausstattung von Banken und die Schaffung einheitlicher Wettbewerbsbedingungen sowohl für die Kreditvergabe, als auch für den Kredithandel. Basel II besteht aus drei sich gegenseitig ergänzenden Säulen. Den Mindesteigenkapital- anforderungen, dem bankaufsichtlichen Überprüfungsprozess und der Erweiterten Offenlegung. (Abbildung des 3- Säulenmodells siehe Anhang E). Basel II wird sich für alle Unternehmen durch eine verstärkte bzw. weiterentwickelte und standardisierte Risikoprüfung durch die Banken bei der Aufnahme von Fremdkapital auswirken. Das heißt u.a., dass sich jede Unternehmung, die zusätzliches Fremdkapital aufnehmen will bzw. sich bereits einer laufenden Fremdkapitalfinanzierung bedient, nach Basel II einem so genannten Rating – sprich einem besonderen Bonitätsurteil bzw. einer besonderen Bewertung der Kreditwürdigwürdigkeit – unterziehen muss. Je besser das Rating ausfällt, desto weniger Eigenkapital müssen die Banken für den beantragten Kredit aufwenden und umso günstiger können sie dann ihre Konditionen für das kreditnehmende Unternehmen gestalten. Bisher sind Geldinstitute im Firmenkundenbereich – unabhängig von der Bonität des Kreditnehmers – verpflichtet, acht Prozent der Kreditsumme als Sicherheit zu unterlegen. Mit Basel II wird sich dieser Prozentsatz je nach Bonität bzw. Risiko im Einzelfall erhöhen oder senken. Unternehmen mit einer schlechten Bonität werden somit letztendlich höhere Zinsen zahlen als Unternehmen mit einer dickeren Kapitaldecke.

3.2 Risiko-Rating der Unternehmen

Ziel der ersten Säule von Basel II Mindesteigenkapitalanforderungen, ist die genauere Berücksichtigung der Risiken einer Bank bei der Bemessung ihrer Eigenkapitalausstattung. Dazu werden drei Risiken herangezogen. Das Kreditrisiko, das Marktrisiko und das operationelle Risiko. Neu ist die Einbeziehung des operationellen Risikos. Es stellt das Risiko direkter oder indirekter Verluste infolge unzulänglicher oder ausfallender interner Verfahren, Mitarbeiter und Systeme, oder infolge bankexterner Ereignisse dar. Alle Unternehmen, die zukünftig bei Banken einen Kredit beantragen erhalten wie eingangs dieses Abschnitts bereits erwähnt, ein bankinternes oder externes Rating, das Auskunft über ihre Kreditwürdigkeit gibt. Die Bewertung der Kreditwürdigkeit kann dabei beispielsweise von AAA (sehr gute Bonität) bis CCC (sehr schlechte Bonität) reichen. Über das Rating soll

Transparenz und somit Vergleichbarkeit für Investoren und Gläubiger hinsichtlich des Risikos einer Finanzanlage geschaffen werden, d.h. das Rating wird eine objektive Grundlage für die adäquate Preisgestaltung bspw. eines Kredits darstellen.

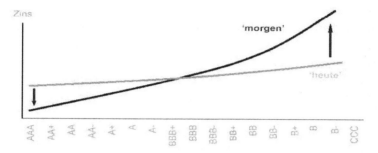

Abb. 1: Kreditkonditionen vor und nach Basel II

Je mehr nun der Geschäftsbetrieb auf die IT-Infrastruktur angewiesen ist, desto stärker hängt die Bonität und somit die Kreditentscheidung von einem effektiven IT-Sicherheitsmanagement ab. Umgekehrt: Wer bei der IT-Sicherheit spart, muss auch ein schlechteres Rating beziehungsweise höhere Zinssätze fürchten.

3.3 EDV Risiko

3.3.1 Hardwarerisiken

Hardwareschäden

Gemäß DIN 50320 ist Verschleiß definiert als „der fortschreitende Materialverlust aus der Oberfläche eines festen Körpers , hervorgerufen durch mechanische Ursachen, d.h. Kontakt- und Relativbewegung eines festen, flüssigen, gasförmigen Gegenkörpers" Im IT Bereich geht es um eine, durch den alltäglichen Gebrauch hervorgerufen Abnutzung der Hardware. Besonders anfällig sind hierbei mechanisch/technisch beanspruchte Bauteile wie z.B. Diskettenlaufwerk, Drucker (Tintenpatrone), Mouse, Tastatur, CD-ROM, Bildschirm etc. Aber auch mobile Geräte wie z.B. Laptop, Beamer, usw. sind starken Beanspruchungen durch häufigen Transport und Gebrauch ausgesetzt. Diese zwar auf den ersten Blick weniger relevant erscheinenden Risiken haben zwar keine große Tragweite, dürfen jedoch im Zuge des Risikomanagements nicht ignoriert werden.

Verlust

Ein Risikopotential besteht auch bei Verlust von Hardware. Der Verlust kann bedingt sein durch Unaufmerksamkeit des Anwenders (Vergessen, Liegenlassen) oder durch Diebstahl.

Verlust betrifft zumeist mobile Geräte wie z.B. Laptops, USB-Sticks, Beamer. Während Hardware wie z.B. Beamer ein einmaliger Schaden entsteht (Kaufpreis des Beamers), entsteht bei Geräten wie Laptops, USB-Sticks neben dem materiellen Hardware Schaden ein zusätzlicher immaterieller Schaden, da Daten auf den Geräten gespeichert waren. Selbst bei passwortgeschützten Laptops oder Speichermedien, besteht die Gefahr, dass ein potentieller Cracker sich Zugriff auf die Daten verschafft. Der Verlust von Hardware bezieht sich nicht nur auf den Computerbereich allein, sondern umfasst zusätzlich so alltägliche Geräte wie Mobiltelefon oder E-Planer (Palm, XDA,...). Diese Geräte sind zumeist vollkommen ungesichert (abgesehen von der PIN Eingabe bei Neustart). Auch hier besteht die Gefahr, dass vertrauliche Daten, Codes und Adressen in falsche Hände gelangen und für fremde Zwecke missbraucht werden.

Veralten

Ein großes Potential der IT-Branche ist die rasende Entwicklung, die ständig mit Innovationen, verbesserter Hardware, neuen Technologien den Markt aufwirbelt. Dieser positive Vorteil, ist jedoch zugleich eine „Geisel" für den Anwender: je schneller die Technologie voranschreitet, desto schneller Veralten die Systeme des Anwenders, und je schneller muss dieser Neuinvestitionen in Kauf nehmen, um ständig am Puls der Zeit und somit konkurrenzfähig zu bleiben. Dabei stellt die durch schnellere Systeme eingesparte Arbeitszeit pure Kosteneinsparungen und somit Opportunitätskosten dar, die den jeweiligen Investitionen gegenübergesetzt werden müssen.

3.3.2 Softwarerisiken

Softwareschäden

Bei diesen Schäden handelt es sich um solche, die häufig bei Einführung neuer Systeme auftreten und sich erst in der Praxis zeigen. Der Unternehmen muss sich die Frage stellen, ob es in ein neues System investieren/umrüsten sollte, um für sich Wettbewerbsvorteile zu sichern (z.B. durch leistungsfähigere CAD Systeme) oder ob die Gefahr von „Kinderkrankheiten" (z.B. Einführung von Microsofts XP-Nachfolger VISTA) zu hoch ist, und dementsprechend ein Abwarten und die Besinnung auf bewährte Software die bessere Strategie ist. Dies kann aber möglicherweise dazu führen, dass Chancen vergeben werden. Fehlerhafte Software bezieht sich insbesondere auf Betriebssystem, Gerätetreiber und Anwendungsprogramme. Je komplexer die Software ist, desto größer ist das Risiko von unentdeckten Software-Risiken. Man muss dabei bedenken, dass es keine 100% sichere Software gibt. Mit jeder neuen Software-Installation wird das System ein Stück weit instabiler und die Gefahr steigt, dass verschiedene Programme nicht miteinander korrelieren, da sie gleiche Speicheradressen belegen. Die Folgen davon sind u. U. vermehrte Systemabstürze und damit verbunden höhere Ausfallzeiten. Ein Beispiel wo Computer an ihre Grenzen gefahren werden ist der Grafik-Design / 3-D-Animations-Bereich. Hier setzen viele Firmen heute anstelle von PCs auf die Apple Macintosh Technologie, da die Anwendungsprogramme besser auf dem System miteinander harmonieren und das System insgesamt stabiler und zuverlässiger läuft.

Backup-Probleme

Darüber hinaus können Probleme aus mangelhaften Backups auftreten. Dies kann daran liegen, dass die Speichermedien versagen (durch falscher Lagerung, mangelhafter Material Güte, Zerstörung, ...), oder dass die Backup-History zu kurz ist, bzw. Backup-Medien in zu kurzen zyklischen Intervallen überschrieben werden. Es besteht dann die Gefahr, dass eine Anfrage zu Daten kommt die vor der Wiederbeschreibungsperiode liegt, und dementsprechend nicht mehr „recoverable" ist.

Eigenmächtige Softwareinstallation

Ein weiteres Risikopotential könnte darin liegen, dass Benutzer ohne Wissen des Administrators Software auf ihren Rechnern installieren, die dementsprechend nicht gewartet wird. Diese Software könnte bei laienhafter Installation Systemeinstellungen verändern, ohne dass der Administrator davon Kenntnis erlangt. Noch gravierender ist das Risiko, wenn es sich dabei um Software handelt, die sich automatisch mit dem Internet verbindet wie z.B. Instant Messenger, P2P Programme, Media Player, ...

Veralten

Ebenso wie bei der (zuvor beschriebenen) rasanten Hardware-Entwicklung, gibt es auch in der Software Entwicklung schnelle Fortschritte. Ständig bringen die Hersteller neue Versionen und Updates auf den Markt. Dabei ist zu unterscheiden, ob es sich um Weiterentwicklungen bereits bestehender Programme handelt (Versionen) oder ob ein neuer Hersteller mit einem komplett neuen Produkt den Markt betritt, das mit neuen Funktionen und Features aufwartet. In den meisten Fällen hängt die Weiterentwicklungsgeschwindigkeit (und damit das Veralten der Version) von der Größe und Komplexität des Programms ab. Während die Entwicklungsgeschwindigkeit von komplexen Programmen z.B. von grundlegenden Betriebssystemen (abgesehen von den angebotenen Updates) relativ moderat verläuft, ist die Weiterentwicklung bei einzelnen Anwendungsprogrammen wesentlich rasanter. Die Ursache liegt dafür in der grundlegenden Programmstruktur, die bei weniger komplexen Programmen leichter und schneller zu verändern ist. Wichtig für den User ist bei der Verwendung von Programmen das Kriterium der Daten-Kompatibilität. Daten müssen auch auf zukünftigen Software-Systemen verwendbar (lesbar, verarbeitbar) sein.

Die Anforderung an die Software ist dementsprechend eine ausreichende Rückkompatibilität. Außerdem sollte sichergestellt sein, dass das Programm ausreichend Schnittstellen zum Datenexport/-import bietet. Damit wird dem User ein Umstieg bei Software-Wechsel erleichtert.

3.3.3 Unternehmensinterne Risiken

Datenverlust

Ein großes Problem in Unternehmen ist es, wenn digitale Daten verloren gehen. Gründe hierfür können in einem Fehlverhalten der Mitarbeiter (versehentliches Löschen von Dateien) oder an Defekte im IT-System liegen. Oftmals stellen die Daten das unmittelbare Kapital des Unternehmens dar, so dass der unwiederbringliche Verlust Unternehmen in den Ruin reißen kann. Insbesondere hier müssen hohe Sicherheitsmaßnahmen ergriffen, um Daten möglichst schnell wiederherstellen zu können.

Softwarekomplexität

Bei zu komplexer Software, besteht die Gefahr, dass sie vom Anwender ein großes Wissen verlangt. Dementsprechend ist eine lange Zeit der Schulung nötig, bevor Mitarbeiter die Software wirklich beherrschen. Die Folge ist häufig, dass diese speziellen Programme nur von einigen wenigen Leuten im Unternehmen beherrscht werden. Es kommt zu einer *Wissenskonzentration*. Fallen diese Leute aus (z.B. durch Krankheit oder Kündigung), so birgt dies die Gefahr für das Unternehmen, nicht schnell genug Ersatz für sie zu finden und somit einen Produktionsverzögerung zu riskieren. Bei zunehmender Softwarekomplexität steigt zudem das Risiko der Fehlbedienung durch den Anwender. Dies kann u. U. einen immensen Schaden bis hin zum völligen Datenverlust verursachen können.

Datenmissbrauch

Eine der größten Gefahren für die Datensicherheit, geht von den internen Benutzern aus. Dies betrifft insbesondere den Fall, wenn Mitarbeiter unternehmensfremde Interessen (Industriespionage/-sabotage) verfolgen. Die Gefahr ist dabei umso größer, je mehr Zugriffsbefugnisse bei einer Person liegen. Dieser Gefahr kann nur begegnet werden, durch sorgfältige Auswahl der Mitarbeiter (inkl. Unterzeichnung von Geheimhaltungs-/Loyalitätsverträgen/Betriebsvereinbarungen) und der bedarfsdeterminierten, strengen Regelung von Zugriffs- und Befugnisrechten. Der Zugriff auf Informationen außerhalb diese Zugriffsbereiches ist jeweils nur mit Absprache des Sicherheitsmanagement-Abteilung zulässig. Weiterhin sollten sämtliche Datentransfers automatisch vom System protokolliert werden, so dass sich rekonstruieren lässt, wann welche Daten von wem kopiert oder transferiert wurden.

3.3.4 Unternehmensexterne Risiken

Internet-Risiken

Das World-Wide-Web (WWW) bietet für viele Unternehmen eine ideale Plattform zum komfortablen und schnellen Daten / Informationsaustausch. WWW ist jedoch eine Tür, die zu beiden Seiten aufschwingt: So wie der User hinter seinem PC „hinaus" in das WWW schaut, so kann man auch von „außen" hinein in den bürointernen PC schauen. Jede Minute, in der man „online" ist, wird begleitet von der Gefahr, dass sich unbemerkt Programme auf dem Rechner installieren. Eine besondere Gefahr geht dabei von Websites mit Active-X Elementen aus. Hierbei handelt es sich um Programme, die von den Websites automatisch auf den Büro-PC heruntergeladen und dort abgespielt werden.

Eine weitere Gefahrenquelle stellen so genannte „Dailer" (versteckte Einwahlprogramme) dar. Bei jeder folgenden Einwahl in das Internet wird dann ohne Wissen des Benutzers auf eine teurere Einwahlnummer (z.B. 0190-Nummer) ausgewichen, die dann zusammen mit der Telefonrechnung abgerechnet wird. Selbst das Öffnen einer normal erscheinenden Email birgt für den Benutzer immer die Gefahr, versehentlich einen versteckten Virus zu aktivieren. Zudem könnte während man im Internet surft, jemand von „extern" die Passwörter über einen Trojaner abhören ohne dass der User etwas davon bemerkt.

Aber auch auf den ersten Blick weniger schwerwiegend erscheinende Einflüsse können einem Unternehmen viel Zeit und Mühe kosten. So werden viele Email-Accounts täglich mit Werbe- und SPAM-Mails überflutet. Laut einer Studie sind heutzutage 2 von 3 versandten Mails SPAM. Täglich verbringen die Internet-User 5 bis 10min damit, SPAM-Mails zu identifizieren und zu löschen. Der dadurch verursachte Schaden liegt in Deutschland bei 2,5 Millionen Euro (laut PRO7 Nachrichten zum „Tag des SPAMS") Die wichtigsten Bedrohungen aus dem Internet sind Viren, Würmer, Trojanische Pferde, Dailer, Spyware, Scripts, SPAM, Hoax,... (Begriffe: siehe Anhang)

Illegaler Zugriff von außen

Ein weiteres Risiko besteht darin, dass jemand von außen das Intranet anzapft und sich Zugang zum Server verschafft. Diese Gefahr ist immer dann gegeben, wenn zentrale Datenverbindungen in einer Telekommunikations-zentrale zusammenlaufen. Zudem zeichnet sich in vielen Unternehmen der Trend ab, die oftmals störenden Kabelverbindungen zwischen den Peripheriegeräten komplett abzuschaffen und durch kabellose bzw. funkgesteuerten Interfaces zu ersetzten. Die Funkwellen dieser WLAN Verbindungen machen jedoch meist an den Gebäude-/Grundstücksgrenzen nicht halt. Es besteht somit die Gefahr, dass sich fremde User von außen in die Rechnersysteme einloggen und Daten manipulieren oder kopieren können. Eine ganz neue und brandaktuelle Methode des externen Angriffs besteht laut einem Bericht auf Spiegel Online vom 12. Mai 2004 (PCs abhören – Verräterischer Chip Lärm") darin, Prozessorschwingungen mithilfe eines handelsüblichen Mikrophonen anzuhören. Die beiden Forscher Adi Shamir und sein Kollege Eran Tromer vom israelischen Weizmann Institute of Science analysierten Audioaufnahmen von Prozessor-Aktivitäten mit professioneller Tontechnik. Mithilfe der Daten konnten sie verschiedene Kryptographie-Schlüssel unterscheiden, die von einem Prozessor zum Chiffrieren von Daten benutzt wurden. Die beiden Forscher konnten nach eigener Aussage auch die Länge von verarbeiteten Zeichenketten bestimmen, indem sie die Dauer bestimmter Töne maßen. (vgl. Shamir/ Tromer: http://www.wisdom.weizmann.ac.il/~/tromer/acoustic/).

Experten glauben, dass es theoretisch möglich ist, mit derartigen Informationen, Schlüssel auf PCs zu knacken. Auch besteht die Gefahr, dass Telefonleitungen „angezapft" werden können (besonders anfällig: schnurlose und Mobilfunk-Telefone), so dass überlegt werden muss, in welchen Bereichen auf Kabeltelefone oder Mobiltelefone mit verschlüsselten Verbindungen (Kryptoverbindungen) zurückgegriffen werden sollte.

3.4 Anforderungen an IT- Sicherheitsmanagement

3.4.1 Technische Risikominderung

In IT-Unternehmen lässt sich ein wirksames Risikomanagement nur mit einem effektiven Sicherheitsmanagement verwirklichen. Vorschriften für das Sicherheitsmanagement finden sich in der Norm BS 7799 - ISO 17799 - Grundschutz - IT-Sicherheitsmanagement (ISMS). Für ausführliche Erläuterungen zu den Normen möchte Ich auf die Seminararbeit „IT-Sicherheitsmanagement" der Kollegen Forster/Aurbach verweisen. Zu den technischen Risikominderungen gehören:

Datenmanagement
Datenmanagement bedeutet eine eindeutige Zuordnung der einzelnen gespeicherten Daten zu den datenerhebenden Personen (Datenquellen) als Mittel zur Gewährleistung der Datenintegrität. Dies umfasst weiterhin den „Schutz vor vorsätzlicher oder fahrlässiger Verfälschung von Programmen und der Manipulation von Dateien" (ebenda, S.27) Zunächst ist für ein wirkungsvolles Datenmanagement zu klären, wie die Administration des Systems zu erfolgen hat. Dazu ist festzulegen, welche Person „Eigentümer" der Daten ist (i. d. R. das Unternehmen, repräsentiert durch die Geschäftsführung) und welche Person die Daten zu verwalten (Kontengenerierung, Zuweisung von Zugriffsbefugnisse, ...) hat. Die Administration der Daten hat dabei stets unter Aufsicht des Eigentümers zu erfolgen. Nach dessen Anweisung kann der Administrator sodann festlegen, welche Personen überhaupt Datenveränderungen vornehmen dürfen. Folglich muss das System „befugte" Personen erkennen und „unbefugte" Personen abweisen können. Dieser Erkennungsprozess erfordert

eine „manipulationsfeste" Authentisierungsprozedur z. B. in Form einer Login-Abfrage mittels Kennung und Passwort (das vom User jederzeit individuell abgeändert werden kann – eine sog. „Einwegverschlüsselung"). Voraussetzung für solche Sicherungsmaßnahmen ist allerdings, dass sich der User niemals auf der Administrations- sondern nur auf untergeordneten Ebenen bewegen kann.

Verfügbarkeit

Verfügbarkeit bedeutet, das Sicherstellen des ordnungsgemäßen Funktionierens des Systems. Dies betrifft jedoch nicht nur das einwandfreie Funktionieren der Hard- und Software, sondern ebenfalls das Bereitstellen des zu verarbeitenden Datenmaterials (Datenbank). Daher sind geeignete Maßnahmen zu ergreifen, um das System vor Zerstörung, Diebstahl, Datenverlust und sonstigen Ausfällen zu schützen. (Bäumler, S.27) Auch schließt die Verfügbarkeit das Bereitstellen der optimalen Hard- und Software zum Bearbeiten der Daten mit ein (z.B. ausreichende Systemkapazität bei der Verarbeitung von komplexen Datenmaterial).

Zuverlässigkeit

In der DIN 40041 ist der Begriff Zuverlässigkeit definiert als „Fähigkeit einer Betrachtungseinheit, innerhalb der vorgegebenen Grenzen denjenigen durch den Verwendungszweck bedingten Anforderungen zu genügen, die an das Verhalten ihrer Eigenschaften während der gegebenen Zeitdauer gestellt sind." Gemäß DIN 9000 und IEV stellt der Begriff Zuverlässigkeit eines Systems einen zusammenfassenden Ausdruck zur „Beschreibung der *Verfügbarkeit* und ihrer Faktoren Funktionsfähigkeit, Instandhaltbarkeit und Instandhaltungsbereitschaft" dar (IEC 60050-191: 1990).

Netzmanagement

Das *interne* Netzmanagement (verstanden im Sinne der Sicherung der elektronischen Übertragungswege) wie z.B. Intranet ist durch die Vergabe von Zugriffsrechten an die User grundsätzlich weniger gravierend. Tendenziell ist das Problem, dass sich ein potentieller „Angreifer" des Leitungsnetzes bedient, um an Daten zu gelangen zwar geringer einzustufen, jedoch gewinnen insbesondere durch fortschreitende Entwicklungen wie z.B. WLAN, Bluetooth, etc. derartige Risiken an Bedeutung. So verbinden immer mehr Benutzer ihrer Rechner per Funk mit Tastatur, Mouse, Drucker oder Internet. So komfortabel diese neuen kabellosen Verbindungen (WLAN) auch oftmals erscheinen, bergen sie dennoch häufig die Gefahr, dass sich unbemerkt ein fremder Benutzer in ein bestehendes System / Netz (Intranet) einloggt, ohne dass der rechtmäßige Benutzer davon Kenntnis erlangt. Daher sollten in jedem Fall verschlüsselte WLAN-Netze mit Kryptotechnologie verwendet werden, und bei besonders sensiblen Daten anstelle von Funk- auf reguläre Kabelverbindungen (LAN-Netze) zurückgegriffen werden. Noch größer wird das Problem beim Nutzen *externer* Netzsysteme wie z.B. Internet. Hier bestehen große Gefahren in Bezug auf Datenschutzverletzungen durch externes Protokollieren von Passwörter und der unbefugten Kenntnisnahme (z.B. Lesen von Emails) durch Dritte. Neben diesen beschriebenen passiven Aktivitäten besteht auch die Gefahr von böswilligen, aktiven Handlungen, die unter Umständen von der Datenverfälschung bis zum Datenverlust führen können (Sabotage). Hier ist der Einsatz von komplexen Firewalls unverzichtbar.

Revisionsmanagement

Diese Anforderung besteht darin, eine revisionsfeste Protokollierung der tatsächlichen Datenverarbeitungsprozesse zum Zweck des Nachweises eines ordnungsgemäßen Umgangs mit den Daten sicher zu stellen. Dabei sind alle Datenzugriffe und Änderungen (welche Daten, wann geändert, von wem geändert, wie geändert, ...) festzustellen, aufzuzeichnen und zu archivieren. Diese Vorgänge sind gerade für den rückwirkenden Kontroll- und Prüfungsprozess von hoher Bedeutung (Jürgens, Kap.2.4).

Zukunftssicherheit

Diese Anforderung besteht darin, dass das verwendete System auch zukünftigen Anforderungen gerecht wird. Insbesondere soll das System bei Release-Wechsel, oder System-Updates rückkompatibel sein, um Verwendbarkeit der Daten zu gewährleisten. Auch sollte das System bei Veränderung und Vergrößerung des Arbeitsspektrums flexibel und skalierbar sein, so dass es auch zukünftigen Ansprüchen gerecht wird. Insbesondere bei neuen Wettbewerbsanbietern ist gegenüber langjährig bewährten Systemen das Risiko abzuwägen, ob der Marktneuling seine Position hält und ausbaut, oder ob er schon bald wieder vom Markt verdrängt wird. Bei der Entscheidung für ein bestimmtes System sind daher die Risikokosten zu bedenken, die im Worst-case bei einer kompletten Systemumstellung anfallen könnten.

3.4.2 Organisatorische Risikominderung

Vertraulichkeit

Der Vertraulichkeit und dem Datenschutz innerhalb eines Unternehmens kann durch ein streng geregeltes Zugriffsmanagement Rechnung getragen werden. Im Prinzip geht es darum, dass einer bestimmten Menge von Nutzern eine Menge von Daten gegenübergestellt wird. Der Dateneigentümer muss zunächst alle Zugriffsberechtigte registrieren und individuelle Zugriffsprofile definieren. Dabei soll jeder Benutzer aufgrund der Vertraulichkeit und des Datenschutzes, nur auf ganz bestimmte Daten in einer speziellen Art zugreifen können. Die Definition der Zugriffsmenge/–art ergibt sich dabei aus dem speziellen Tätigkeitsbereich des Nutzers. Man unterscheidet dabei zwischen „Lesebefugnis", „Schreibbefugnis", „Veränderungsbefugnis" und „weder noch" (Zugriffe dieser Art werden bereits durch das Eingangs-Login geblockt). Aus dem dargestellten Sachverhalt, wird schon eine Problematik des strengen Sicherheitsmanagements deutlich: Je mehr der individuelle Zugriffsbereich des Nutzers eingeschränkt wird, desto stärker sinkt das Risikopotential aus Datenmissbrauch, Nutzungsfehler usw. Zugleich erhöht sich die Datensicherheit im Unternehmen. Jedoch wird zugleich das System starrer und unflexibler für die User. Der Weg, um an spezielle Daten außerhalb des eigenen Befugnisbereiches heranzukommen bedarf dementsprechend der vorherigen Absprache mit dem Sicherheitsmanagement. Dies führt zur Blockierung von Kreativität, Synergien und Querschnittsarbeiten.

Security Policy

Die häufigste Ursache bei Verlust sensibler Daten sind die Mitarbeiter selbst. Benutzer können sich keine Passwörter merken, Benutzer sperren den Arbeitsplatz nicht wenn sie ihn verlassen, Administratoren leihen Ihre Passwörter aus usw. Hier ist es notwendig einen Prozess zu etablieren, der über geeignete Maßnahmen sicherstellt, dass sich die Benutzer den Sicherheitsanforderungen gemäß verhalten. Gleiches gilt für die Verantwortlichkeiten im Sicherheitsmanagement und die Vorgehensweise in Notfällen. Die Gesamtheit dieser Prozesse sollte in einer unternehmensweiten Richtlinie zusammengetragen sein. Diese Richtlinie nennt man „Security Police". (Dörner, Horvath, Kagermann, S.407)

3.4.3 Risikohandhabung

Bei der Handhabung geht es darum, strategische und operative Maßnahmen für den Umgang mit den verschiedenen Risiken zu entwickeln. Diese Strategien lassen sich sehr gut anhand des Risikoportfolios entwickeln. Man unterscheidet die Handhabung der Risiken nach *ursachenbezogenen* und *wirkungsbezogenen* Maßnahmen.

Zu den ursachenbezogenen Maßnahmen gehören die Strategien: Risikovermeidung und Risikoverminderung. Bei der ersten Strategie geht es darum, Risiken zu vermeiden, indem beispielsweise ein Systemwechsel vorgenommen, oder das komplette Aufgeben einer übermäßig gefährdenden Unternehmensaktivität in Betracht gezogen wird. Die nachfolgende Strategie sieht vor, Risiken zu vermindern. Dies kann geschehen durch organisatorische oder technische Maßnahmen der Schadensverhütung oder -herabsetzung. Auch eine Kombination mehrerer, nicht miteinander korrelierender Einzelrisiken führen zu einem Risikoausgleich (Diversifikation).

Zu den wirkungsbezogenen Maßnahmen gehören Risikobegrenzung, Risikotragung und Risikoumwälzung. Die Risikobegrenzung kann erreicht werden durch Festsetzung der

Schadenshöhe oder durch Implementierung von Limiten (z.B. Festlegung Produktionskapazität verschiedener Strategischer Geschäftseinheiten, Begrenzung der Zugriffsrechte, etc.) Die Risikotragung sieht vor, dass Risiken bewusst in Kauf genommen werden ohne zusätzliche Gegenmaßnahmen zu ergreifen. Diese Strategie wird zumeist nur gewählt, wenn entweder die Auftrittswahrscheinlichkeit oder die Tragweite nahezu Null ist, also die Risiken vernachlässigbar sind. Diese Risiken müssen aber kontinuierlich überwacht werden, um bei möglichen Veränderungen angemessen reagieren zu können. Als letzte Strategie lassen sich Risiken auch auf Dritte überwälzen. Die Überwälzung der Risiken kann einerseits durch entsprechende vertragliche Verhandlungen, andererseits durch eine klassische Versicherung bewirkt werden. Damit bleibt die Gefahr des Risikos unverändert, nur übernimmt die Haftung im Schadensfall ein anderer als das Unternehmen selbst. (Grafik siehe Anhang D)

3.4.4 Sicherheitscontrolling

Das Sicherheitscontrolling ist zukunftsgerichtet und versucht, die Risiken im Unternehmen durch Planen, Steuern und Überwachen im Griff zu behalten. Zur Umsetzung eines effektiven Risikocontrollings ist es wichtig, zyklische Berichterstattungen festzulegen. Insbesondere sollten in den Statusberichten aktuelle Informationen über neue Risiken / Trends / Entwicklungen enthalten sein. Weiterhin soll der Bericht darüber Auskunft geben, inwieweit die in den Maßnahmenplänen definierten Zielvereinbarungen erfüllt / umgesetzt werden sind. Auch wäre eine Gegenüberstellung der durch das Risikomanagement angefallenen Kosten und den eingesparten Kosten durch potentielles Eintreten von Risikobedrohungen sinnvoll (= monetär gemessener Wert aus prozentueller Eintrittswahrscheinlichkeit x Impact). (Wildemann, S.58)

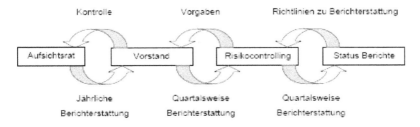

Abb. 2 : Sicherheitscontrolling Prozedur

Literaturverzeichnis

Dörner Dietrich, Horvath Peter, Kagermann Henning (2000): Praxis des Risikomanagements; 1.Auflage; Stuttgart 2000

Keitsch, Detlef (2004): Risikomanagement; 2.Auflage; Stuttgart 2004

Meyer, Jörn-Axel (2003): Unternehmensbewertung und Basel II; 1.Auflage; Köln 2003

Bäumler, Helmut (2002): backUP-Magazin für IT-Sicherheit, 2. Auflage, Kiel 2002

Wildemann, Horst (2004): Leitfaden zur Umsetzung eines Risikomanagement-Systems für die wertorientierte Steuerung von Unternehmen; 3. Auflage, München 2004

Jürgens, Uwe: Datenschutzrechtliche und sicherheitstechnische Anforderungen an IT-Systeme; Arbeitspapier der Datenschutzakademie Schleswig-Holstein; 2002

Links

www.bsi.de
www.wikipedia.de
www.heise.de/security
www.spiegel-online.de
www.cio.de
http://www.datenschutzzentrum.de/material/themen/gesund/dsichmed.htm
www.wisdom.weizmann.ac.il/~/tromer/acoustic/
www.space.net/support/informationen/security/

Anhang

Anhang A: Chronologie der Einführung von Basel II

Juli 1988:	Veröffentlichung der Baseler Eigenkapitalvereinbarung (Basel I)
Ende 1992:	Inkrafttreten von Basel I
Januar 1996:	Baseler Marktrisikopapier
Juni 1999:	Erstes Konsultationspapier zur Neufassung der Eigenkapitalvereinbarung (Basel II)
Januar 2001:	Zweites Konsultationspapier zu Basel II
Herbst 2001:	Interimspapier
Juli 2002:	Hong Kong-Kompromiss für Säule 1
Ende 2002:	Auswirkungsstudie
Mai – Juli 2003:	3. Konsultation zu Basel
September 2003:	Bericht an Europäischen Rat
Mitte 2004:	endgültige Einigung über Basel II
2004:	Vorschlag EU-Richtlinie
September 2005:	Beschlussfassung über EU-Richtlinien und nationale Umsetzung
Januar 2006:	Paralell-Lauf Basel II für internationale Banken
Anfang 2007:	Inkrafttreten von Basel II

Anhang B: Begriffsdefinitionen

a) Begriff: Virus

Ein Virus ist ein Softwareprogramm, das geschrieben wurde, um einen Computer negativ zu beeinflussen, indem es ohne Wissen des Benutzers die Arbeitsweise des Computers verändert. Viren haben meist zwei Funktionen:
Viren verbreiten sich selbst von einer Datei zur nächsten. Technisch wird dieser Vorgang als Selbstvervielfältigung und -verbreitung bezeichnet.
Der Virus bewirkt die von seinem Erzeuger beabsichtigten Symptome oder Schäden. Häufige Schäden sind das Löschen von Datenträgern, die Beschädigung von Programmen oder einfach das Erzeugen von Verwirrung und Durcheinander. Man bezeichnet dies als Auftrag des Virus, der je nach Lust und Laune des Erzeugers harmlos oder gefährlich sein.
Damit sich ein PC mit einem Virus infizieren kann, muss der Virus erst aktiviert werden. Dies passiert z.B. mit dem Öffnen einer Datei oder dem Starten eines Programms. Das Infizieren erfolgt normalerweise, ohne dass es der Computer-Benutzer bemerkt.
(vgl. http://www.space.net/support/informationen/security/virenwuermerundtrojanischepferde/virus/index.html)

b) Begriff: Wurm

Ein Wurm ist ein Programm, dass sich über das Netzwerk selbstständig von Computer zu Computer weiter verbreitet. Das Ziel dabei ist, in einem Netzwerk so viele Computer wie möglich zu befallen. Würmer benötigen zum Ausbreiten kein menschliches Zutun. Sie verbreiten sich rasend schnell innerhalb des Firmennetzwerks oder über das Internet. Beispielsweise versenden sie sich selbstständig mit Hilfe der E-Mail-Funktionen an eine beliebige Internetadresse. Manche Würmer haben zusätzlich noch eine Ladung (Payload), welches dann ein Schadprogramm, wie z.B. ein herkömmlicher Virus, ist. Dieses wirkt sich dann innerhalb des PC's aus.
(vgl. http://www.space.net/support/informationen/security/virenwuermerundtrojanischepferde/wurm/index.html)

c) Begriff: Trojanisches Pferd

Ein Trojanisches Pferd (auch Trojaner genannt) tarnt sich als ein nützliches Programm, ist aber in Wirklichkeit ein Programm, dass im Hintergrund eine Schadensroutine ausführt, die zum ausspionieren dient. Dies natürlich ohne das Wissen des PC-Benutzers. Wird das Programm vom Anwender ausgeführt, wird die schädliche Ladung aktiviert. Ziel eines Trojaners ist es so viele sensible Benutzerdaten wie möglich auszuspionieren. Darunter fallen zum Beispiel Passwörter für Mail-Accounts oder Onlinebanking, Kreditkartennummern und Ähnliches. Alle diese Daten schreibt ein

Trojaner mit (keylogging). Es gibt sogar sehr leistungsfähige Programme, die die interessantesten Informationen herausfiltern und dann per E-Mail an eine bestimmte Adresse schicken, beispielsweise an den Absender des Trojaners.

Es gibt auch noch eine besonders aggressive Form des trofanischen Pferdes, sogenannte Backdoor-Trojaner. Diese richten auf dem infizierten System Ports (Backdoors) ein über die sich ein Hacker dann auf den Rechner zugreifen kann, um die Kontrolle über praktisch alle Funktionen zu übernehmen.

(vgl.http://www.space.net/support/informationen/security/virenwuermerundtrojanischepferde/trojanischespferd/index.html)

d) Begriff: Hoax

Hoax heißt soviel wie "schlechter Scherz, Jux, Schabernack, Zeitungsente". Hoaxes sind Meldungen (meistens E-Mail), die über besonders aggressive Computerviren oder Hacker-Attacken informieren. Allerdings entpuppen sich diese Wahrungen später dann als Falschmeldungen. Sie sollen bei unerfahrenen Usern Panik auslösen. Meistens wird man aufgefordert die E-Mail weiterzuschicken an Freunde und Bekannte weiterzuleiten.

(vgl. http://www.space.net/support/informationen/security/virenwuermerundtrojanischepferde/hoax/index.html)

Anhang C: Systematisierung der Risikoarten

Interne Risiken	**Personen-risiken**	Verhaltensrisiken *z.B. Betrug, Irrtum*
		Personal- / Managementqualitätsrisiken *z.B. falsche Beratung, Streikrisiken*
		Kulturrisiken *z.B. Fluktuationsraten*
	Prozess-risiken	Produktionsrisiken *z.B. Transaktionsrisiken*
		Sicherheitsrisiken *z.B. Zugangsrisiken, Überwachungsrisiko*
		Steuerungsrisiken *z.B. falsches Reporting*
	System-risiken	Hard-/Softwarerisiken *z.B. Ausfallrisiken*
		Datenrisiken *z.B. Netzwerkrisiken*
		Modellrisiken *z.B. fehlerhafte mathematische Modelle*
	Finanzielle Risiken	Liquiditätsrisiko *z.B. Zahlungsunfähigkeit*
		Ausfallrisiko *z.B. Ausfall größerer Forderungen*
		Devisen *z.B. Wechselkursänderungen*
	Strategische Risiken	Mergers and Acquisitions
		Aufbau- und Ablauforganisation
		Human Capital *z.B. Nachfolgeregelung*
externe Risiken	**Natur-ereignisse**	Umweltrisiken *z.B. Brand*
		Katastrophenrisiken *z.B. Erdbeben, Brand, Blitzeinschlag*
	Politische Risiken	regulatorische Risiken *z.B. Steueränderung*
		Aufsichtsrechtliches Risiko *z.B. Basel II*
		Allgemein *z.B. politische Unruhen*
		Drittpartei-Risiken *z.B. externer Betrug*

Anhang D: Risikopolitik und Handlungsstrategien

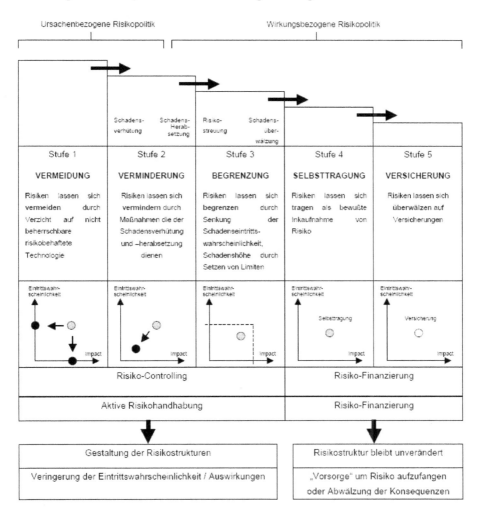

Anhang E: 3-Säulenmodell von Basel II

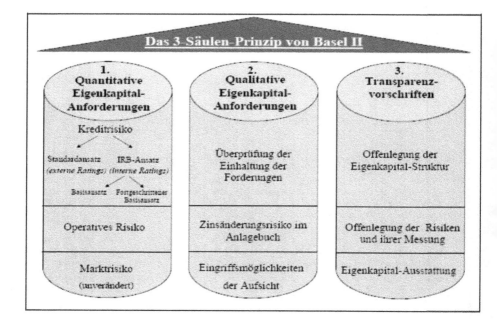